AF554232

LE GOUVERNEMENT

DES

BOURBONS

Est-il imposé à la France par les Puissances alliées (comme une minorité factieuse le prétend), ou bien est-il le rétablissement du pouvoir légitime?

Ouvrage dédié aux Royalistes du Midi;

PAR A.-P. LAVENT.

Il n'est qu'un Dieu pour l'Univers,
Il n'est qu'un Bourbon pour la France.

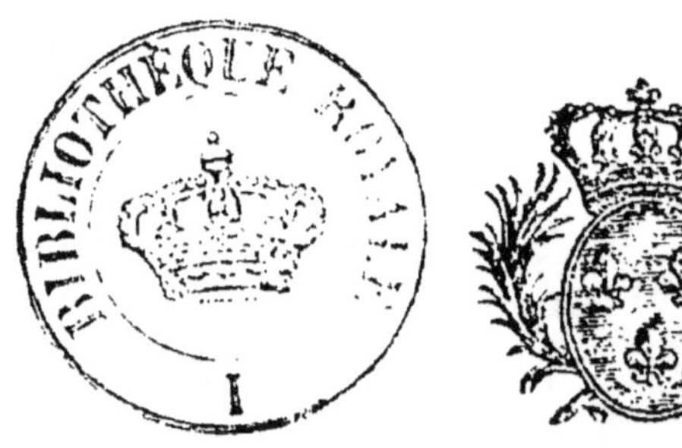

A MONTPELLIER,

DE L'IMPRIMERIE DE JEAN-GERMAIN TOURNEL, PLACE DE LA PRÉFECTURE, N.° 216.

Juillet 1815.

LE GOUVERNEMENT DES BOURBONS

Est-il imposé à la France par les Puissances alliées (comme une minorité factieuse le prétend), ou bien est-il le rétablissement du pouvoir légitime?

NON, la cause des Bourbons n'est pas perdue sans retour, quoi qu'en ait dit un guerrier, (1), que des talens et des succès militaires avaient illustré, mais qu'une insigne trahison a déshonoré pour toujours. Non, la cause des Bourbons n'est pas perdue sans retour, malgré la défection d'une armée dont il n'est point d'exemples dans l'histoire. Non, la cause des

(1) Ney.

Bourbons n'est pas perdue sans retour, puisqu'elle a pour appui l'amour des bons français, le dévouement et la magnanimité de tous les Souverains de l'Europe, puisqu'elle est protégée par cette main invisible et puissante qui dirige à son gré les événemens de ce monde.

O France ! ô ma Patrie ! relève une seconde fois ton front abattu ; embrasse une seconde fois l'espérance et le bonheur. Le ciel préside à tes destinées ; il exauce tes vœux ; il n'a point délaissé les descendans de St. Louis ; il n'a permis le triomphe éphémère de l'insatiable usurpateur, que pour mieux le précipiter dans l'abîme qui doit l'engloutir. A peine suis-je passé, ton oppresseur, ton tyran n'était déjà plus !.... Je te salue, drapeau blanc, drapeau sans tache ; je vous salue, beaux lys, emblêmes de la pureté virginale, symboles de l'innocence et de l'honneur. Je vous salue, bannières sacrées, bannières resplendissantes, qui avez si long-temps ombragé la tête de nos Rois, et de tant de braves qui font l'orgueil de nos fastes. Comme mon cœur s'épanouit à votre aspect enchanteur ! Elevez-vous sans cesse autour de nous en voûtes triomphales ; ceignez-vous sans cesse de l'olivier ; revêtez-vous de votre ancienne splendeur.... Tel, à la fin d'un affreux orage, l'astre du jour reparaît dans l'azur des cieux plus pur et plus éclatant que jamais.

Une tourbe de factieux et de conspirateurs, mue par la cupidité et la fureur en délire, voulait nationaliser une guerre qui n'était déclarée qu'à l'ennemi du genre humain et à ses adhérens. Ruses, absurdités, artifices, mensonges, impostures, diatribes, vociférations, elle a mis tout en usage, hors la légalité des moyens, pour décider la ruine des petit-fils du bon Henri. Elle a osé dire que le Gouvernement de cette famille auguste et vénérée, bien loin d'être le résultat de l'assentiment libre, spontané et unanime de l'immense majorité des Français, était l'ouvrage de la violence et de la tyrannie. Elle a osé présenter le retour de cette dynastie si chère à tous las cœurs bien nés, non comme le rétablissement d'un pouvoir naturel et légitime, mais comme un joug et un esclavage imposés à la France par les Puissances alliées. Elle a osé dénaturer, calomnier les desseins et les démarches bien connus des libérateurs de l'Europe, dont la loyauté et les sacrifices pour la cause commune, mériteront la reconnaissance de la postérité. Elle a osé soutenir que la Nation entière repoussait les Bourbons, tandis que les Départemens de l'ouest et du midi, les Départemens du nord regrettaient, rappelaient, adoraient cette race non moins illustre qu'infortunée.

Cédant au mouvement qui m'entraîne, j'entreprends d'arracher le bandeau qu'une faction furibonde s'efforçait de mettre sur tous les yeux ; j'entreprends d'opposer la vérité à de misérables sophismes, à des maximes intempestives, à des théories dangereuses ; j'entreprends de dévoiler les vues perverses et ambitieuses de ces hommes qui, pour satisfaire leur esprit de domination et de discorde, voudraient nous replonger dans un gouffre de maux incalculables. Cet écrit se ressentira vraisemblablement de la confusion, de l'incohérence de mes idées ; il a été fait, pour ainsi dire, sur la brèche, au milieu des dangers et des horreurs de la guerre.

O vous ! braves et généreux royalistes de la belle Occitanie, auxquels il est spécialement consacré ! daignez l'accueillir avec intérêt et bienveillance. Vous y trouverez les principes et les sentimens qui distinguent la plus juste des causes, et pour lesquels vous n'avez pas hésité à sacrifier votre vie et vos biens. Trop heureux s'il peut captiver un instant vos suffrages.

Depuis l'infraction du traité de Paris et la retraite de Louis XVIII à Gand, aucune autorité, aucune assemblée légale n'a plus existé en France; Louis est le seul, le vrai souverain. Le gouvernement des Bourbons n'a point été imposé par les Puissances alliées, comme une minorité factieuse et rebelle persistait à le faire accroire. Leur restauration est le rétablissement du pouvoir légitime, le retour à l'ordre primitif des choses. Je tâcherai d'être aussi clair et aussi précis qu'il me sera possible, dans le développement de ma proposition. Peut-être s'apercevra-t-on que je ne me suis pas astreint à une méthode rigoureuse; j'ai suivi en effet plutôt la série de mes idées que celle des questions. Il est sans doute permis, en certaines occasions, de s'écarter un peu des règles ordinaires.

A mesure que les Nations se sont civilisées en s'éclairant, elles ont insensiblement rassemblé, avec le secours des temps et de l'expérience, ceraines règles, certaines institutions qui ont procuré plus de fixité, de consistance et d'harmonie dans l'organisation politique dont se composent les Gouvernemens, dans les rapports qui lient les Souverains et leurs sujets, dans les relations qui rapprochent les Peuples les uns des autres.

Ainsi se sont formés peu à peu l'ordre social et le droit public, qui font de l'Europe moderne une espèce de grande famille, dont les divers membres ont ensuite adopté des formes particulières d'administration plus ou moins analogues à leur caractère et à leur génie. Mais ces formes d'administration se sont toutes accordées à démontrer évidemment la nécessité et les avantages de l'hérédité du trône et de la légitimité des dynasties actuellement régnantes. Ce grand principe politique, cette base fondamentale et sacrée, a été hautement consacré par le congrès de Vienne, et garantit désormais aux Princes naturels et légitimes le trône de leurs ancêtres contre les atteintes et les entreprises d'un aventurier ou d'un brigand heureux.

Les droits, comme les vertus de Louis XVIII, n'ont jamais été problématiques aux yeux de la raison, de la justice et de la vérité. A l'extinction de la race Carlovingienne, les grands de l'état qui, dans ces temps de féodalité, représentaient, seuls, la nation, élurent en 987 pour Roi Hugues Capet, *français comme eux*, possesseur de vastes domaines, considéré pour son mérite personnel, issu d'une maison dont la noble origine se perdait dans les premiers siècles de la monarchie, et était même alliée à la dynastie qui venait de finir. Lorsque la branche directe des Capétiens s'éteignit en la personne de Charles le bel, les trois ordres du Rayaume déférèrent la couronne à Philippe de Valois, qui s'en trouvait le plus proche héritier. A la mort de Henri III, le dernier des Valois, Henri IV, déjà Prince de Béarn et Roi de Navarre, monta sur le Trône de France, comme chef de la branche aînée des Bourbons qui descendaient en ligne directe du plus jeune des fils de St. Louis, et commença une nouvelle dynastie à laquelle, au mépris de tout ce que peuvent en dire ses détracteurs, se rattachent de glorieux souvenirs, doublement illustre pour avoir imprimé un grand essor à l'esprit humain, et pour avoir donné des Roi à l'Espagne ainsi qu'aux deux Siciles; non par droit de conquête et de violence, mais par droit de succession et d'hérédité. Il y a plus de Soo ans, que de génération en génération la postérité de Hugues Capet règne sur la France. Certes, quel est le potentat sur la terre, qui ait de plus beaux titres, qui ait des droits plus imprescriptibles à la légitimité, qu'un Monarque qui unit à des vertus réelles une filiation royale aussi longue et aussi respectable ?

ajoutons à ces puissantes considérations l'attachement, l'affection que les Français ont eus de tout temps pour leurs Rois, que vingt-cinq ans de prestiges, d'erreurs et d'illusions ont bien pu contraindre ou enchainer, mais n'ont fait qu'accroître et développer avec unanimité et énergie, toutes les fois que les circonstances ont paru favorables à la manifestation du vœu général.

En rapportant les titres et les droits bien acquis de Louis XVIII à la couronne de ses immortels ayeux, je ne prétends point infirmer ceux de la nation : ils sont non moins certains, non moins inviolables, mais ils n'en autorisent pas davantage la résistance ou la révolte contre le pouvoir légitime, contre un pouvoir paternel et modéré. Je n'approuve pas plus l'insurrection que l'obéissance passive. Au reste, ces droits avaient été non-seulement reconnus et respectés, mais encore étendus par Louis XVI; et la charte constitutionnelle de Louis XVIII leur assure une garantie, qui dans les siècles à venir le mettra à côté de Louis XII et de Henri IV. La race des Capétiens a fourni trente-deux Rois, parmi lequels on n'en compte qu'un qui ait été naturellement méchant, et que pour cette raison on a surnommé le Néron de la France. Ils ont eu, il est vrai, des défauts, des faiblesses, des passions, comme tous les mortels; ils ont commis des fautes, des erreurs; ils les ont expiées par leurs malheurs et leurs repentirs; ils ont tâché de les réparer. Mais on ne peut leur reprocher aucun de ces vices qui déshonorent l'espèce humaine. Ils se sont presque tous distingués par leur franchise, leur vaillance, leur magnanimité, leur droiture, leur probité et leur clémence. Les Bourbons sur-tout ont porté ces vertus au plus haut degré. Depuis le regne de Charles VI, les pages de notre histoire sont remplies de leurs exploits et des services éclatans qu'ils ont rendus à la patrie. Ce sont là néanmoins les descendans de cette longue suite de héros que des factieux et des conspirateurs, indignes de porter le nom de Français, lâchement vendus à une famille étrangère et usurpatrice, à une famille d'une naissance obscure et incertaine, ont outragés, par les imputations et les calomnies les plus odieuses, et ont voulu chasser pour toujours de leur antique héritage. Ces vils adulateurs ont prostitué leurs talens à un froid égoïsme, ont rampé bassement devant la plus hideuse tyrannie qui ait jamais pesé sur la France; ils ont cru ne pouvoir assez s'avilir pour se gorger de dignités et de richesses; ils n'ont pas eu honte de se déclarer dans toutes les occasions les panégyristes de cette famille immorale dont ils faisaient une race de demi-dieux, tandis qu'ils ont déversé le poison de la médisance sur les membres de la maison royale. Qu'ils sachent ces hommes méprisables, ces hommes sans remords et sans conscience, qu'ils sachent que sous quelques rapports qu'ils représentent nos Princes chéris, ils sont au-dessus de toute comparaison avec des personnages tels qu'un Joseph, un Louis et un Jérôme Buonaparte. Témoins l'Espagne, la Hollande et la Westphalie.....

Il est notoire, il est constant, il est évident comme la lumière, que la grande masse de la Nation désirait et attendait le retour des Bourbons. Les puissances alliées n'ont fait que céder au vœu National, lorsqu'elles nous ont rendu Louis XVIII. La voix du peuple est la voix de Dieu. J'entends parler de cette voix qui n'a point cessé de partir du cœur, qui s'est constamment prononcée dans le même esprit et dans le même sens, qu'on a empêché en vain de retentir d'un bout de la France à l'autre. J'entends parler de cette voix qui n'a point cessé de se faire entendre dans Paris, dans Bordeaux, dans

Marseille, dans Rouen, dans Amiens, dans Lille, dans Toulouse, dans Montpellier, etc. que l'on a cherché inutilement à étouffer, ou à asservir. Quand le peuple peut prendre sur lui-même de réfléchir un peu, il se trompe rarement sur ses vrais intérêts. Assez et trop long-temps on a voulu lui fermer les yeux, le bercer de chimères, l'égarer par des théories décévantes, l'éblouir par des entreprises gigantesques, le séduire par des conceptions extraordinaires. Il a fini par s'apercevoir qu'il était le jouet et la victime du ravisseur de nos libertés et de nos biens. Dès lors il a tourné ses regards, ses désirs et ses espérances vers les rejettons de cette race sous laquelle la patrie jouissait du repos, du bonheur et de la gloire. Son opinion n'a plus varié. Je ne confonds point ici le peuple avec la populace, facile et terrible instrument des partis et des factions.

Ce qui constitue essentiellement la puissance et la force d'un souverain, c'est l'amour de ses sujets. Nous ne pouvons douter, d'après une cruelle expérience, qu'un monarque légitime ne s'occupe plutôt qu'un monarque étranger, du bonheur de ses peuples qu'il regarde comme ses enfans. Si nous envisageons Louis XVIII et Napoléon sous ce point de vue, combien doit nous être cher ce Roi que proclament la nature, l'estime, la confiance, l'attachement et l'enthousiasme! Voilà le père que nous recouvrons; voilà le père de notre choix. O Français, ô mes concitoyens! montrons-nous enfin dignes d'être gouvernés par un Roi honnête homme et bienfaisant: montrons-nous enfin dignes de vivre sous son administration tutélaire, douce et consolante. Ne souffrons plus qu'il nous soit ravi; entourons-le de nos personnes; faisons-lui un rempart de nos corps. Sortons de notre apathie; secouons notre indifférence, et renonçons à tout esprit de haine et de discorde.

L'abdication de Buonaparte, son exil à l'île d'Elbe, et le traité de Paris avaient posé les bases de la pacification générale qui promettait enfin au monde un repos solide et durable. De grands intérêts avaient été agités et conciliés au congrès de Vienne, l'équilibre de l'Europe, raffermi sur son ancien fondement, faisait espérer qu'on ne reverrait jamais plus ces longues et horribles scènes de dévastation et de carnage qu'il faudrait renvoyer aux siècles d'ignorance et de barbarie. L'humanité commençait à respirer; le commerce commençait à rouvrir les sources de l'industrie et de l'abondance, et à ramener dans nos ports redevenus hospitaliers les pavillons de toutes les Nations. L'agriculture commençait à refleurir ; l'espoir et la joie renaissaient sur le front du malheureux. Des divers points de la France s'élevaient mille cris de bénédiction vers le monarque auteur de tous ces bienfaits. Des lois sages et réparatrices se préparaient, se discutaient avec ce calme, cette profondeur, cette dignité et cette réflexion qui caractérisent des assemblées respectables et éclairées. Nos législateurs unis de cœur et d'intention avec le prince voulaient sincérement le bien du peuple, et le peuple se prometait tout de la réalisation de leurs vœux et de leurs travaux.

Mais l'impitoyable tyran, exilé et non enchainé dans son rocher, n'avait point désespéré de ressaisir son sceptre de fer. Il savait qu'il lui restait de nombreux complices; il savait qu'ils étaient prêts à tramer pour lui le plus lâche des forfaits. Artisan infatigable de guerre et de discordes, ennemi par principe et par instinct de la foi des traités, transporté de rage et de fureur à l'aspect de la félicité dont l'empire qu'il avait honteusement abdiqué goûtait les prémices, s'indignant d'avoir trop tôt fléchi dans un premier moment de découragement et d'abandon, il reprend toute la furie de son génie infernal, et donne le signal de la perfidie. Pareil au tigre qui s'élance de son antre pour déchirer sa proie, il s'échappe de son île; il revient rallumer parmi nous le vaste incendie qui avait successivement embrasé notre continent; il revient nous apporter les flammes qui ont réduit Moscou en cendre; il revient nous apporter tous les fléaux imaginables de la destruction; il lui tarde de recommencer cette consommation d'hommes dont il fait ses plus délicieuses jouissances. Nouveau Moloch, il est affamé d'holocaustes humains.... Son retour est signalé par les plus sinistres présages; une armée traîtresse et parjure, des chefs perfides, des fonctionnaires civils et militaires infidèles au souverain légitime, foulent aux pieds leur parole et leur serment; et consommant leur déshonneur à la face de l'Europe entière, ils ouvrent leur bras au génie du mal que les flots ont revomi sur nos côtes, lui facilitent tous les moyens d'exécuter ses homicides projets, grossissent ses légions de sicaires, et le conduisent en triomphe à la résidence de nos Rois. La stupeur, la consternation et la terreur marchent à sa suite. Comme s'il craignait de décéler au grand jour le plus inique, le plus atroce des attentats; comme s'il craignait de lire dans tous les regards l'arrêt de sa condamnation, il arrive dans la capitale avec les ténèbres, et s'enferme dans ce palais qu'il ne devait plus revoir, dont les murs semblent lui reprocher son exécrable présence....... France! reprends ton deuil; reprends ton crêpe funèbre. Louis le Désiré, le meilleur des Rois s'éloigne, mais à regret, de ses enfans. La plus noire trahison le force à chercher un nouvel asile sur une terre étrangère. Tu vas revoir couler des torrens de sang pour la féroce ambition d'un homme justement abhorré de toute la terre; tu vas revoir dans ton sein tous les maux de la guerre civile et étrangère; tu vas revoir les calamités et les forfaits qu'enfantent l'anarchie et le brigandage. La sagesse, l'amour et les vertus de Bourbon seront ton unique refuge.

Afin de mieux consolider sa domination illégitime, l'usurpateur se hâte de convoquer les deux chambres du corps législatif, qu'il compose d'individus dont la destinée dépendait absolument de la sienne, et de présenter à l'acceptation du peuple, principalement de l'armée, un acte additionnel de constitution, rédigé avec beaucoup d'art et d'adresse.

mais quelle apparençe de légalité espérait-il donner, d'après son entreprise criminelle, aux actes de souveraineté qu'il exerçait, et aux lois que rendraient deux assemblées qui lui étaient toutes dévouées? espérait-il en imposer au conseil auguste des Souverains qui siégeait à Vienne, et qui l'avait déjà mis hors du droit des gens, qu'il venait de violer avec tant de noirceur? joignant l'artifice et l'hypocrisie à la violence, il a toujours le mot de liberté à la bouche, lui que jadis ce mot faisait pâlir d'effroi; lui qui avait traité de séditieux le discours mesuré mais vigoureux de Laisné, et qui avait ordonné à la chambre des députés de se dissoudre sur le champ, parce qu'elle avait entendu avec approbation les grandes vérités qui étaient consignées dans le rapport de son éloquent orateur. Il affecte un langange doux, civil et modéré; il admet des formes gracieuses, accessibles, populaires jusqu'à un certain point; il s'étudie à modifier son naturel dur, sombre, brutal et sauvage, lui que l'arrogance, la prospérité et l'habitude de la tyrannie avaient rendu le plus rogue, le plus vain, le plus impérieux et le plus intraitable des despotes. Capable de prendre tous les masques, inépuisable dans ses astuces, vil et rampant au faite de la grandeur suprême, il s'est abaissé jusques à adresser aux Souverains alliés une espèce de supplique, pour réclamer d'eux une infâme transaction, lui qui venait de les braver, de les outrager cruellement par la violation du traité de Paris, qui était leur ouvrage. Par une contradiction difficile à expliquer, si l'on ne connoissait en même-temps sa lâcheté et son audace, il invoque l'exécution de ce même traité, lui qui n'en avait jamais observé aucun. Sa constitution n'est acceptée que par ses partisans et l'armée : ses colléges électoraux ne sont remplis, pour la plupart, que de ses légionnaires. Une cérémonie ridicule du champ de Mai termine le recensement fictif des votes, selon lequel la majorité absolue des Français est censée adhérer au nouveau pacte constitutionnel. L'article 67.me de ce pacte est remarquable, en ce qu'il bannissait à perpétuité les Bourbons de leur terre natale, et transférait l'héritage de leurs pères dans la famille de leur spoliateur. Les membres des deux chambres, les grands dignitaires, les fonctionnaires militaires et civils en jurent la stricte observation. Quelques-uns d'entre ceux-ci ont cependant le noble courage de perdre leurs places, plutôt que de prêter le serment que l'on exigeait d'eux.

Avant d'entrer en France, en 1814, les alliés publièrent une déclaration datée de Francfort, par laquelle ils reconnoissaient formellement le droit qu'avait la Nation de se donner telle forme de Gouvernement qui lui conviendrait, et promettaient de n'y porter la moindre atteinte. Les proclamations subséquentes qu'ils firent, à mesure qu'ils s'avançaient dans l'intérieur, vinrent à l'appui de cette déclaration.

Quelque temps avant l'occupation de Paris par les Russes et les Prussiens, Bordeaux s'était prononcé avec énergie pour nos Princes légitimes, et avait eu le bonheur de recevoir l'un d'entr'eux dans ses murs. Dans le midi, sur-tout dans le Languedoc et dans la Provence, les esprits étaient aussi favorablement disposés. Paris, les Départemens de l'Ouest et du Nord n'attendaient que le moment de se déclarer. Conduits par les mains de la victoire dans la capitale, l'Empereur de Russie et le Roi de Prusse ne purent douter un instant du vœu national, quand ils entendirent une population immense leur demander, à grands cris, Louis XVIII : *Vous aurez votre Roi et la paix, mes enfans ; je vous le promets, foi d'Empereur*, leur répondit le magnanime Alexandre, touché de leurs sentimens. Ces cris mille fois répétés du rappel des Bourbons, ces acclamations, mille fois redoublées, qui retentirent simultanément dans tous les lieux d'alentour, durent lui attester que les Français portaient toujours dans leur cœur une famille d'autant plus aimée qu'elle, avait été plus malheureuse. Les Souverains alliés entrèrent dans Paris en amis, non en conquérans qui viennent dicter des lois dures aux vaincus, et leur imposer un joug, un Gouvernement qu'ils détestent.

Celui de Buonaparte était odieux, intolérable, surnaturel, monstrueux; il fut irrévocablement brisé par l'abdication du tyran, dont les innombrables forfaits politiques avaient soulevé contre lui tous les états Européens. On ne peut mieux respecter, mieux honorer l'indépendance d'un Peuple, qu'en lui rendant un Monarque né dans son sein, qui lui appartient à tous les titres, qu'il désire, qu'il aime et qu'il révère. Il serait à souhaiter qu'on fît toujours un si bel usage de la victoire!

Rien ne saurait donc absoudre au tribunal de l'histoire et des Nations civilisées, l'invasion de la France à main armée, par Buonaparte, après avoir solennellement abdiqué un pouvoir qu'il lui était impossible de retenir plus long-temps. Cette entreprise, formée contre le droit des gens, uniquement exécutée par la force militaire, qui pouvait avoir les conséquences les plus subversives, si l'Europe n'eu eût arrêté, avec promptitude et vigueur, les progrès effrayans, retrace à notre souvenir ce temps déplorable, où les armées romaines faisaient et défaisaient à leur gré les Empereurs; ces siècles du moyen âge, où tous les états étaient en proie aux fermentations et aux déchiremens; où tous les trônes étaient ébranlés ou renversés; où tous les crimes étaient justifiés par une ambition effrénée et barbare, et nous rejeta pendant trois mois sous un Gouvernement oppressif et illégal. Les actes de ce Gouvernement, les lois et les décisions des assemblées représentatives portèrent par conséquent le même caractère de violence et d'illégalité. Plusieurs membres des deux chambres avaient pris une part active et directe à la révolution rapide qui replaça temporairement l'usurpateur sur le trône impérial. Je crois inutile de les citer; ils sont assez désignés par leur coopération à cette catastrophe. On comptait, parmi ces législateurs, des régicides; on y comptait quelques chefs marquans de l'armée, qui avaient protesté à Louis XVIII de leur zèle et de leur fidélité, pour le trahir ensuite plus sûrement. Ils ont ainsi dégradé la valeur du guerrier, en manquant à l'honneur. Duguesclin et Bayard, chevaliers sans peur et sans reproche, ce n'est pas ainsi que vous serviez vos Rois et la Patrie. Comme tous ces représentans ont, pour bien des motifs, le plus grand intérêt au triomphe d'un parti dont ils sont comblés d'emplois, de dignités et de richesses, ils adoptent avec empressement, ils secondent de tous leurs efforts toutes les mesures injustes, arbitraires et désastreuses qui leur sont proposées, telles que la proscription des Bourbons, l'abolition de l'ancienne noblesse, l'hérédité de la couronne impériale dans la dynastie de Napoléon, etc. Préférer la dynastie d'un homme d'une extraction abjecte et ignorée, à la dynastie auguste des Bourbons, quelle démence! quelle rage! quelle démoralisation!!!

Mon sujet n'étant pas tout à fait historique, je m'abstiens d'entrer dans un plus long détail des opérations d'une autorité illégitime. Mon principal objet est de prouver qu'elles sont nulles et de nul effet; que les deux chambres, convoquées par cette autorité, sont la représentation de Buonaparte, et non la représentation nationale ; de bien établir la légitimité des enfans de Saint-Louis et de Henri IV. Par qui une minorité factieuse a-t-elle été constituée en assemblées représentatives ? Par le violateur des lois divines et humaines. Par qui ce violateur a-t-il été intronisé ? Par une bande de conspirateurs et de prétoriens. Par qui les Bourbons ont-ils été rappelés ? Par les sept huitièmes de la nation, dont le vœu et l'assentiment ont été unanimes et invariables, par une transmission, par une possession de plus de huit siècles. Ce vœu et cet assentiment sont tellement connus, tellement manifestes, que je citerai en preuve les propres paroles de Volnei, dont le témoignage ne doit pas être suspect. Quand Buonaparte, alors premier Consul, voulut rétablir les cultes, il le consulta sur son projet. Volnei lui fit des objections un peu fortes. *Mais*, lui répondit Buonaparte, *la grande majorité de la nation le demande. Cette grande majorité*, lui répliqua l'auteur des ruines, *demande aussi le retour des Bourbons;* les rappellerez-vous ? Le gouvernement d'une famille regrettée, désirée et adorée, ne saurait être un joug imposé à la France par les puissances alliées, ne saurait être repoussé par la France entière, comme le prétendait une minorité factieuse.

Cette minorité, qui se réduisait à une chétive fraction du peuple, était asservie et corrompue par le pouvoir illégal et tyrannique, au sort duquel elle avait lié son existence et sa fortune. On se formerait difficilement une juste idée des moyens employés de concert par ces deux autorités, pour tromper ou pour comprimer l'opinion publique. De là, tous ces bruits, toutes ces imputations, toutes ces calomnies, toutes ces fables, que l'on répandait contre la maison royale. De là, toutes ces adresses mendiées, tous ces panégyriques empoulés, toutes ces proclamations remplies de jactance et de forfanterie. De là, tous ces mensonges, tous ces faux rapports, toutes ces impudences, toutes ces exagérations sur la force de nos armées, sur notre situation vis-à-vis des puissances étrangères. S'il fallait en croire tous ces contes absurdes et ridicules débités par ces nouveaux révolutionnaires, tantôt c'était l'Autriche qui se retirait de la coalition; tantôt c'était l'Espagne. Aujourd'hui l'Angleterre montrait des dispositions pacifiques; demain la Russie était totalement paralysée par l'insurrection de la

Pologne, par la peste, qui ravageait ses troupes, par la guerre que les Turcs lui avaient déclarée; et la Prusse, réduite à elle seule, abandonnait la cause des Bourbons. Un autre jour nos frontières couvertes d'innombrables légions, hérissées d'une artillerie formidable, défiaient toutes les armées des alliés, en leur présentant par-tout une barrière inexpugnable.

Le traité de Paris est le traité de l'Europe; le rétablissement de Louis XVIII est devenu la cause des peuples et des Rois, parce qu'il repose sur la légitimité la plus incontestable; parce qu'il offre la garantie la plus sûre pour l'indépendance et la sécurité des autres états; parce qu'il fortifie ces rapports et ces droits des gens depuis si long-temps méconnus; parce qu'il réprouve ce système de spoliation, d'immoralité et de bouleversement, qui, profondément conçu et organisé par le dévastateur du monde, menaçait le corps social d'une subversion imminente. Cette vérité est si frappante, que l'attentat du destructeur du genre humain n'a excité qu'un cri d'indignation et d'horreur dans toute l'Europe. Il n'a influé en rien sur les sentimens des souverains en faveur de Louis XVIII. Ils ont continué à le reconnaître pour Roi de France; ils ont continué à entretenir avec lui les mêmes relations ; ils ont continué à lui donner les mêmes témoignages d'estime, d'égard et d'intérêt, dont ils l'ont jugé si digne ; et ils n'en ont que plus resserré leur union, pour renverser un gouvernement incompatible avec le repos et la sûreté des peuples et des potentats.

Un usurpateur n'est qu'un souverain accidentel, qui s'empare du pouvoir par surprise et par violence, et qui ne peut jouir que d'une autorité précaire ; et comme il est de principe qu'un pouvoir usurpateur ne saurait transmettre à ses agens, ni à ses suppôts, une légalité qu'il ne peut avoir lui-même, les représentans de Buonaparte n'avaient ni titre, ni qualité qui les autorisât à traiter avec les puissances alliées au nom de la nation, dont ils se disaient les mandataires, et dont ils étaient désavoués. Ils n'avaient pas plus de titre, ni de qualité, pour réintégrer Napoléon, pour recevoir sa prétendue abdication, puisqu'elle avait été déjà faite à Fontainebleau un an auparavant, et pour reconnaître Napoléon II. Il n'en faut point d'autre preuve que la réponse pleine de sens qu'a faite Lord Wellington au maréchal Davoust, qui s'imaginait lui apprendre un événement de la plus haute importance, lorsqu'il lui a annoncé la seconde abdication de l'exilé de l'île d'Elbe. *Je la savais depuis quinze mois*, lui écrivit le Général Angláis. Ce sont plutôt ces représentans qui voulaient nous imposer le joug, en substituant leur volonté propre à la volonté générale, en nous forçant à nous soumettre à la domination d'un homme issu de la lie des nations. A proprement parler, nous n'avons plus eu de gouvernement depuis le 20 Mars dernier.

Fidèle aux principes, Louis XVIII rentrant dans son royaume avait maintenu, par respect pour le choix du peuple, la représentation nationale qui existait alors. Buonaparte s'est bien gardé de suivre ce bel exemple de modération et de confiance. C'est que le Roi reparaissait comme un père qui, après une longe absence, revient au sein de sa famille; et que le second, ombrageux et défiant, appelé seulement par des factieux et des conspirateurs, n'a cherché qu'à s'entourer de ses partisans et de ses complices : aussi, de quel droit une telle assemblée prétend-elle dépouiller de son héritage la race antique de nos Rois, et en investir un féroce étranger? de quel droit prétend-elle en disposer en faveur du fils encore enfant de cet étranger? de quel droit prétend-elle comprimer l'élan national? de quel droit s'obstine-t-elle à proscrire les Bourbons que la France s'obstine à redemander ? de quel droit envoie-t-elle des plénipotentiaires auprès des Monarques vengeurs du parjure et de l'usurpation ? Osait-elle s'étayer de la déclaration solennelle que ces Monarques avaient faite de ne pas s'immiscer dans la forme de nos institutions ? Mais il ne s'ensuit pas, de leur déclaration, qu'ils dussent, qu'ils pussent même se départir des engagemens qu'ils avaient contractés avec la maison des Bourbons, sans trahir à la fois leur honneur et leurs intérêts. Ils savent que la parole des Souverains est inviolable et sacrée....

Excès inconcevable de l'aveuglément des passions ! le Gouvernement et les adhérens de Buonaparte déclarent vouloir s'en tenir strictement au traité de Paris, et ils déchirent ce contrat. Fut-il jamais contradiction plus ironique et plus insultante ! Eh quoi ! vous invoquez ce traité, et vous le violez avec une impudeur et une déloyauté qui sont le comble de la perfidie et de l'outrage ! vous invoquez ce traité, et vous rendez la pourpre impériale à celui qui le foule aux pieds ! quel étrange langage ! Représentans, descendez un moment dans votre conscience, et jugez-vous vous-mêmes ! si vous êtes de bonne foi, si vous êtes fidèles à vos devoirs, si vous êtes réellement pénétrés de l'amour de votre pays, commencez par renvoyer le principal infracteur au lieu de son exil, ou plutôt, livrez-le à la vindicte publique. Cessez sur le champ des fonctions, que vous ne tenez point du consentement libre de vos concitoyens. Réparez, s'il est possible, par un repentir prompt et sincère, les torts graves que vous avez à vous reprocher envers celui que la voix du ciel et de la terre proclame le père de la patrie. Pourquoi vous faire davantage illusion? La violation des lois fondamentales de l'Etat est la cause première des troubles, des égaremens, des factions et des calamités qui ont déchiré la France pendant vingt-cinq ans. Elle ne peut recouvrer sa sécurité, son repos et son bonheur, qu'en se remettant sous l'égide de ces maximes salutaires et conservatrices, et de ce pouvoir royal à l'ombrage desquels ont fleuri, durant plusieurs siècles, la liberté et la prospérité publiques.

La restauration après laquelle tous les bons Français soupiraient, était aisée à prévoir par quiconque remonte à la source des événemens, en suit la marche avec attention, et en calcule les divers degrés d'influence avec un esprit et une perspicacité dégagés de prévention, d'intérêt particulier et d'abstractions politiques. Les Anglais nous offrent une leçon qui ne devrait pas être perdue pour nous : après avoir éprouvé tour à tour les funestes vicissitudes de l'anarchie et du despotisme accablant de Cromwel, ils retournèrent aux Stuards, dont la famille occupe aujourd'hui par les femmes le trône britannique. La faction de Napoléon et les journaux stipendiés par lui, ont fait une fausse application des principes et des circonstances, quand ils ont beaucoup parlé de Guillaume III, pour prouver qu'une Nation a le droit de choisir son Souverain, et pour en conclure que le Peuple français devait, par leur organe, réélire l'usurpateur. Les Anglais, usant de ce droit, n'allèrent point chercher un Roi dans une famille obscure et étrangère; ils jetèrent les yeux sur Guillaume III, qui était l'époux de Marie, fille aînée de Jacques II, et qui était d'ailleurs proche parent de cette maison du côté de sa mère. Ce Prince régna conjointement avec Marie, son épouse, sur la Grande-Bretagne. N'ayant point eu d'enfans, non plus que la Reine Anne, sœur de Marie, qui leur succéda, la couronne d'Angleterre fut, au préjudice de la ligne masculine des Stuards, dévolue à la maison de

Brunswick, qui descend de cette famille par la fille aînée de Jacques I.er. Que l'on consulte là dessus Humes et tous les historiens d'Angleterre, on se convaincra que le sceptre des Plantagenets et des Tudors n'est point tombé entre les mains d'un aventurier, qui ait dû sa fortune au prestige militaire, et qui ait abusé d'une renommée usurpée pour immoler à son ambition délirante le monde civilisé.

Les complices du tyran, sa garde prétorienne, ses janissaires, tous ses satellites enfin, ont allégué que son abdication ayant été forcée, était nulle et non-avenue. S'ils n'eussent porté la mauvaise foi aussi loin; s'ils eussent rendu plus de justice à l'auteur de tant de désastres; s'ils eussent moins regretté les rapines et les dépouilles qu'il leur abandonnait pour prix de leur aveugle dévouement, ils auraient convenu que l'abdication la plus glorieuse qu'il avait à faire était celle de périr en héros aux champs de Leipsick ou sous les murs de Paris, au lieu de subir peut-être l'opprobre de périr en brigand; car le ciel indigné commence à appesantir sur lui sa main vengeresse. Mais frapperont-ils aussi de nullité la déchéance que prononça contre lui le Sénat conservateur qui, à cette époque, était le grand corps de l'état, et qui, par la nature de son institution, était chargé de veiller à ce que l'Empire ne souffrit point de dommage ? Objecteront-ils que cette résolution importante fut influencée par la présence des Souverains alliés dans la capitale ? Cette objection serait victorieusement réfutée par la conduite vraiment noble, délicate et magnanime que montrèrent, dans cette circonstance, l'Empereur de Russie et le Roi de Prusse. On n'a point oublié avec quelle loyauté, avec quelle modération, avec quel désintéressement, avec quelle pureté d'intentions ils se plurent à séparer la cause de la Nation de celle de son farouche despote; et avec quelle liberté, avec quelle sécurité ils laissèrent agir le Sénat, qu'ils avaient invité à s'assembler, et qui, à la suite de la déchéance, proclamant le rappel des Bourbons, ne fit que proclamer un vœu qui était dans tous les cœurs. Ce grand acte de justice et d'équité, rendu par une assemblée instituée pour la conservation de l'hérédité du trône, par une assemblée regardée alors comme la dépositaire suprême des lois organiques et constitutionnelles de l'Etat, suffirait seul pour légitimer les droits de la maison royale, si toutefois ils avaient besoin de cette validité.

Les partisans de Buonaparte objecteront-ils encore que les puissances alliées, refusant de le reconnaître plus long-temps et de traiter avec lui, avaient mis le sénat dans l'impuissance de délibérer librement, et l'avaient ainsi contraint à rappeler les Bourbons? supposé pour un moment que cette assertion fût fondée, peuvent-ils ignorer que dans cette hypothèse le sénat conservateur, pour préserver la France de calamités effroyables, n'avait qu'à se prononcer pour le retour des descendans de nos Rois? Peuvent-ils ignorer que, par son ambition extravagante et atroce, le destructeur de l'humanité s'était déjà mis hors de la loi vis-à-vis de toute l'Europe? Peuvent-ils ignorer que les Alliés avaient pris la ferme détermination de se délivrer de l'incendiaire de l'Espagne et de la Russie, comme on se délivre d'une bête féroce, dont on craint d'être la proie? Peuvent-ils ignorer que l'organisation politique de notre continent l'assimile à une grande société, dont les chefs sont obligés, sont intéressés à pourvoir à son existence et à son salut? La proscription de Napoléon et le rétablissement de Louis XVIII, sont donc le résultat immédiat et nécessaire de ce système protecteur. A la révolution du 20 Mars, opérée par la force des baïonnettes et des sabres, on eut pu, avec raison, se croire transporté en Turquie, en Perse ou à Alger, où de semblables catastrophes se reproduisent périodiquement. Mais que de si terribles scènes se renouvellent en France, chez un peuple renommé pour l'aménité et l'élégance de ses mœurs, chez un peuple qui, par sa situation géographique, communique à tous les autres les secousses dont il est agité; c'est ce qu'il importe à l'association européenne de prévenir pour toujours; et nul moyen ne peut mieux remplir ce but que la restauration de la dynastie légitime.

Il n'entre point dans mon plan de tracer le portrait d'un homme malheureusement trop fameux : d'ailleurs Châteaubriand et d'autres écrivains l'ont si bien dépeint, qu'il me semble inutile et téméraire de vouloir l'essayer après eux. Je me bornerai à quelques réflexions que m'ont suggérées les derniers événemens. M. de Segur, si habile dans l'art de flatter, a dit quelque part que Buonaparte attendait un Plutarque : c'est dire beaucoup en peu de mots. Je pense qu'il faut prodigieusement rabattre des talens et du génie transcendant, qu'on attribuait à celui qu'on a tant enivré d'encens et d'adulations : n'employant jamais à la guerre que la même tactique, celle de faire mouvoir d'énormes masses, et de couper les armées ennemies, il a appris aux Alliés le secret de le vaincre; et six jours ont vu tomber le colosse aux pieds d'argile. Wellington et Blücher ont tourné contre lui sa propre méthode avec un succès étonnant, à la bataille du mont Saint-Jean ou de Waterloo. Ils l'ont laissé enfoncer, à sa coutume, le centre de leurs armées; ils l'ont attiré au milieu de leurs épaisses phalanges, sous le feu d'une artillerie immense. Au signal donné, leur ailes se replient et se rapprochent; leur corps de bataille fait volte-face; leurs bouches à feu se démasquent; leur nombreuse cavalerie accourt sur les derrières La fleur, l'élite de l'armée française, ainsi cernée, est exterminée après avoir fait des prodiges de valeur pour un chef qui ne les méritait pas, qui l'abandonne à sa cruelle destinée, et qui rejette sur une terreur panique un désastre causé par son imprévoyance et son impéritie. C'est pour avoir conduit tant de milliers de braves à la boucherie; c'est pour avoir livré deux fois dans un an la Capitale aux armées alliées, que sa chambre des représentans lui vote des témoignages de reconnaissance et de remercîmens, voulant sans doute imiter l'admirable fermeté du sénat de Rome, qui avait cru devoir louer Varron de ce que, par son courage à la bataille de Cannes, il n'avait pas désespéré du salut de la république. Misérable parodie ! qu'elle différence du sénat de Rome au sénat de Buonaparte ! Peut-on confondre aussi pitoyablement les temps, les lieux et les circonstances ! Varron, quoiqu'inepte et présomptueux général, n'avait pas du moins appelé sur sa patrie la guerre sanglante qui la mit à deux doigts de sa ruine..... C'est pour la cinquième fois qu'il a recours à une fuite ignominieuse, *le glorieux*, *l'invincible Napoléon, l'espoir et le sauveur de la France, le restaurateur de la liberté, de l'égalité et de l'indépendance nationales; cet homme généreux et sensible qui, profondément affligé de nos maux, sort de sa retraite pour nous ramener la paix, l'union et le bonheur!..* Il n'eut point survécu à sa réputation, si cessant de pousser à bout la fortune par la folie de ses entreprises et le nombre de ses attentats politiques, il fût descendu d'un trône usurpé pour y faire monter l'auguste Prince à qui il appartenait de droit; il savait que la nation attendait de lui ce genre d'abdication qui l'eut couvert d'une gloire immortelle. Mais dans tout le cours de sa vie, il a prouvé que son âme basse, desséchée et froidement barbare, était incapable de s'élever à une telle hauteur, et que les idées libérales n'étaient pour lui que des mots pompeux, sonores, mais vuides de sens. J'en atteste vos mânes, ô vous illustre et dernier rejeton du grand Condé !....

Quelques panégyristes outrés, quelques aveugles admirateurs de Buonaparte ont prétendu le comparer avec Charles XII. Il n'y a pas la moindre analogie de caractère entre le moderne Attila et le Roi de Suède. Celui-ci avait en partage une grandeur d'âme, un courage, une fermeté, une constance que celui-là n'a jamais connus. Menacé, provoqué même par une coalition redoutable, il a fait la guerre pour se venger d'injustes agresseurs, et il l'a faite selon les lois et les usages adoptés par les nations civilisées. Il ne traîne point avec lui de ces armées immenses qui sement sur leurs pas la désolation et l'effroi. Ses troupes sévèrement disciplinées ne se permettent aucun pillage, aucune contribution. Leur Roi leur donne l'exemple de la tempérance et de la sobriété. Le vainqueur de Narva et d'Alranstadt exécutait de grandes choses avec peu de moyens. L'armée la plus nombreuse qu'il ait eue n'excédait pas cinquante mille hommes; il ne quittait point ses soldats; il partageait leurs peines, leurs fatigues, leurs travaux, leurs nourritures. Dès qu'il les voyait plier, ou se mettre en désordre, il les ralliait et les ramenait lui-même au combat. Son sang froid, son intrépidité, sa présence d'esprit ne l'abandonnaient point dans les plus grands dangers, il est doué d'un héroïsme qui fait qu'on s'attache à lui. Tout en blâmant l'inflexible opiniâtreté qui le porte à s'enfoncer dans les déserts glacés et sauvages de la Russie, on s'intéresse à ses revers et à ses disgraces; on le plaint dans sa catastrophe de Pultova, au siège de Stralsund, et on déplore que tant de vertus n'aient pas eu un meilleur sort, parce qu'elles ont été toutes portées à l'excès. Je ne crois pas qu'il existe d'autre rapport entre le Monarque suédois et Buonaparte, que leur campagne de Russie.

Il n'était plus ce temps de prestiges, qui avait produit un engouement si fatal à notre bonheur et à notre gloire, si fatal au repos du monde. Il n'était plus réputé pour invincible, cet homme dont la destruction et le carnage étaient l'unique élément; qui comme un autre Gengis, entouré d'une prodigieuse agglomération de hordes dévastatrices, avait porté pendant douze ans le fer et la flamme chez presque toutes les nations européennes. Maintenant, inspiré par son mauvais génie, ou bien poussé à sa perte par la divine providence lassée de ses longs forfaits, rassuré par le courage et l'affection de ses soldats qui lui sont tous dévoués comme autant de séids, profitant du funeste ascendant qu'il a conservé sur des esprits crédules et séduits, il se livre à l'espoir de recommencer sa fortune, et dans l'illusion de ce rêve enchanteur, il entraîne à une ruine inévitable une armée valeureuse avec laquelle il aurait dû rester sur le champ de bataille. Mais aussi prompt à fuir qu'à presser l'heure du carnage, il se dérobe au péril, ne s'arrête qu'un moment à Laon, et vient de nouveau présenter à Paris le fugitif de Moscou, et de Leipsick. Buonaparte abandonnant toujours ses armées, fuyant en toute hâte devant un ennemi vainqueur, ne pouvait être considéré désormais que comme un général qui a trompé la confiance des braves, et a compromis leur existence ainsi que le sort de la patrie. Une représentation vraiment nationale, qui eût connu le sentiment de sa dignité et de ses devoirs, lui eût appliqué sur le champ la juste rigueur des lois, et se serait empressée d'aller déposer les sincères témoignages de sa soumission et de ses regrets aux pieds de ce bon Prince que l'immensité des Français avoue pour souverain légitime. Elle aurait jugé que le règne de celui qui avait long-temps passé pour le premier Capitaine du siècle était fini sans retour; elle aurait jugé qu'il était dangereux de lutter davantage contre l'opinion publique généralement soulevée contre lui ; elle aurait jugé que l'état était retombé dans la même crise où il se trouva placé sur la fin de Mars en 1814 ; elle aurait jugé que les mêmes circonstances indiquaient, exigeaient les mêmes mesures de prudence et de salut.

Mais comment faire entendre la voix de la sagesse et de la modération dans une assemblée, qui offre le spectacle d'une arène où les passions les plus exaspérées viennent se déchaîner? quelques membres, recommandables par leurs vertus et leur attachement aux bons principes, n'osent plus assister aux séances, parce qu'on les y accable d'injures, d'outrages et de vociférations; parce que les hommes de bien n'ont jamais la même audace, la même énergie que ceux que l'ambition dévore, que le crime conseille, que le remord tourmente et que la crainte poursuit. Que font, que décident les représentans de l'usurpateur? ils arrangent une misérable intrigue politique, d'après laquelle ils se flattent d'en imposer aux souverains étrangers. L'orateur (1) affidé de Buonaparte va de la part de la chambre des Députés lui demander son abdication : après un peu d'hésitation, celui-ci la donne en faveur de son fils, enfant âgé de quatre ans et retenu dans une contrée éloignée. Il déclare en même-temps en termes grands et sententieux que *sa vie politique est terminée*. Aussitôt de prétendus négociateurs, munis de cette renonciation *solennelle*, se rendent aux camps des alliés pour leur porter des propositions de paix; mais sans caractère et sans titres pour une pareille mission, ils sont froidement éconduits; comme si les Souverains de la Russie, de l'Autriche, de l'Angleterre et de la Prusse, se contentant d'un simple changement de chiffre, auraient plutôt reconnu Napoléon II que Napoléon I.er; comme s'ils auraient consenti à traiter avec un Gouvernement qu'ils ne connaissent point, et qui vient de consacrer en principe l'usurpation des trônes légitimes avec la violation des traités. Qui ne voit que, sous le prétexte spécieux de défendre la liberté et l'indépen-

---

(1) Régnault de Saint-Jean-d'Angély.

dance nationales, ces représentans tendaient à se perpétuer dans leurs pouvoirs et à gouverner sous le nom d'un enfant en bas âge? Qu'est-il résulté de ces vues ambitieuses et perfides? La continuation de la guerre étrangère, les calamités de la guerre civile, la dévastation des campagnes, le saccagement et l'incendie des villes, le brigandage d'une soldatesque effrénée et rebelle, la prise de la capitale par les armées ennemies, etc. Qu'ils sont coupables ceux dont la perversité, la trahison et le barbare égoïsme ont attiré sur leur pays tant de maux et d'infortunes!

Mais détournons nos regards de cet horrible tableau; un spectacle plus doux et plus consolant se présente à nos yeux. A ces jours de deuil, à ces jours d'orages et de détresse, vont succéder des jours de sérénité, d'allégresse et de bonheur. Enfin, la France est délivrée de son plus cruel ennemi; enfin le destructeur des Nations est détruit à son tour; enfin le ciel, le juste ciel a tonné sur sa tête coupable.... L'étendard révéré, l'étendard sacré de nos Rois flotte dans tout le midi. Braves et fidèles royalistes de ces contrées! ô vous, habitans de Montpellier, de Sette, d'Agde, de Pésenas, de Beziers, de Beaucaire, de Marseille, etc. Permettez-moi de vous consacrer quelques lignes dans cet écrit. Pourrai-je sans regrets passer sous silence, le courage, le zèle, l'énergie et le dévouement avec lequel vous avez combattu pour la plus équitable, pour la plus sainte des causes, et qui vous acquerront des titres éternels au souvenir de la postérité ? Ce n'est pas vous qui avez violé vos sermens; ce n'est pas vous qui avez manqué à la foi jurée; ce n'est pas vous qui avez trahi la main royale que vous avez eu le bonheur de toucher; ce n'est pas vous qui avez déserté les bannières des lys pour vous ranger sous celles du plus odieux des usurpateurs. Ah! combien vous vous êtes montrés grands, généreux, magnanimes! Mais est-ce à moi, faible orateur, à me rendre l'interprète des sentimens héroïques que vous avez manifestés avec tant d'éclat pour le meilleur des Rois? Honneur et gloire à tous les compagnons d'armes et d'infortunes de ce jeune héros, le Duc d'Angoulême, qui, par sa valeur, sa constance et sa fermeté, nous a paru si digne du trône, où il doit monter un jour. Honneur et gloire à tous ceux qui ont bravé avec lui tous les pièges, tous les dangers semés par la révolte et la perfidie, en l'aidant à défendre, à sauver la monarchie prête à retomber au pouvoir du tyran.

Braves et loyaux Setiois! vous avez été des premiers à donner le noble exemple de secouer le joug oppresseur, sous lequel gémissait notre beau département : vous avez été des premiers à y relever l'antique bannière de France ; vous vous êtes immortalisés par votre inébranlable attachement à la dynastie légitime. Cet élan national, trop long-temps comprimé par les émissaires ou les satellites du farouche étranger, a enfanté chez vous des prodiges que l'histoire recueillera soigneusement dans ses fastes. Par un rapprochement de circonstances qui ne s'effacera jamais de vos souvenirs, vous avez témoigné à ce Prince dont l'adversité n'a point abattu la grande âme, le même amour et le même empressement que la fille de Louis XVI trouvait dans le même-temps à Bordeaux. Vous lui avez fait éprouver la douce satisfaction de voir que tous les français n'étaient ni ingrats, ni traîtres, ni parjures. Qu'il me soit permis de payer ici au digne Maire (1) qui a été votre fidèle organe, un léger tribut d'estime, de gratitude et d'admiration que tout bon français lui doit. Vous vous êtes souvenus que l'un des plus illustres

---

(1) M.r Ratyé.

aïeux (1) de ce petit-fils de Henri IV, a été le fondateur de votre intéressante cité; et vous avez voulu vous acquitter envers l'un des bienfaits que vos ancêtres doivent à l'autre. Elle refleurira, elle prospérera, votre cité; elle s'accroîtra sous la bienfaisante influence de ce Prince! Vous savez que les Bourbons ne sont, ni justes, ni généreux, ni reconnaissans à demi. La paix, l'heureuse paix va accomplir les vœux ardens que je fais pour le prompt rétablissement de votre commerce et de votre industrie: puissiez-vous les agréer avec une indulgence égale à la sincérité qui les dicte! J'ose vous offrir ces mêmes vœux, respectables citoyens de Montpellier; vous n'avez pas moins de droits à mon hommage. Accordez-lui un moment vos suffrages, non pour son mérite, mais en faveur des motifs qui me l'ont inspiré: alors rien ne manquera au contentement et à la joie qu'a exictés en moi le retour d'un Monarque qui est au gré de nos désirs!!!

Eh toi Marseille! noble, ancienne et célèbre métropole des Gaules méridionales; jadis puissante par ton commerce, tes flottes et tes colonies; jadis renommée par la sagesse

---

(1) Louis XIV.

de tes lois, par l'urbanité de tes mœurs, par le génie, la bravoure et l'activité de tes habitans; toi qui as vu naître dans ton sein le premier savant (1), dont s'honore l'Occident; toi qui as cultivé et protégé tout à la fois, et les arts mécaniques, et les arts libéraux, et les sciences; toi qui as été durant des siècles la fidèle et courageuse alliée de la maîtresse du monde; toi qui as été durant des siècles la florissante émule de Tyr, de Carthage, d'Athènes, de Corinthe, de Gènes, de Vénise, etc.; toi dont les vaisseaux ont transporté de nombreuses armées de croisés, et ce fameux comte d'Anjou, conquérant de la Sicile; toi chez qui la haine profonde de la tyrannie vient de ranimer les étincèles de ce feu sublime qui environna ton berceau de tant de gloire, sois favorable à l'expression des sentimens qui m'attachent à tes destinées. Pardonne à mon insuffisance, et rend justice à mes intentions. Ah! n'en doute point; sous un Roi qui est remonté sur le trône par les droits de sa naissance et par les vœux de ses sujets, tu recouvreras bientôt cette opulence et cette splendeur qu'apportaient sur tes bords les deux hémisphères. Ton port,

(1) Pythéas.

désormais affranchi de funestes entraves, sortira bientôt de cet état de langueur et de stagnation, auquel l'avait condamné un despote implacable. Bientôt rempli d'une population immense qui s'empressera aux travaux, il présentera aux regards satisfaits une forêt de mats, et retentira au loin des cris de joie que pousse le matelot, quand il aborde au rivage désiré. Ainsi, tu redeviendras le séjour fortuné des arts paisibles, de l'abondance et des richesses.

FIN.

www.ingramcontent.com/pod-product-compliance
Lightning Source LLC
LaVergne TN
LVHW021717230826
846091LV00006BA/2205

* 9 7 8 2 0 1 1 7 9 2 9 0 7 *